Gry Clasen og Torkild Bisgaard

Dansk nu

Teksthæfte

AARHUS UNIVERSITY PRESS

Copyright: Aarhus University Press, 1994
Tegninger af Bjerne Johansen
Tryk: Eurasia Press, Singapore
ISBN 87 7288 300 1

Lektion A

♀: Hvad hedder du?
♂: Jeg hedder Peter. Hvad hedder du?
♀: Jeg hedder Eva. Hvad laver du?
♂: Jeg læser på universitetet.
♀: Hvad læser du?
♂: Jeg læser medicin. Hvad laver du?
♀: Jeg arbejder på et posthus.

♂: Hvor kommer du fra?
♀: Jeg kommer fra Monaco.
♂: Hvor ligger Monaco?
♀: I Sydeuropa. Hvor er du fra?
♂: Jeg er fra Esbjerg. Esbjerg ligger i Jylland.
♀: Er du dansker?
♂: Ja.

♀: Hvor kommer du fra?
♂: Jeg er fra Ålborg.
♀: Hvor ligger Ålborg?
♂: Ålborg ligger i Nordjylland. Hvor er du fra?
♀: Jeg er fra USA.
♂: Hvor bor du?
♀: Jeg bor i Århus.

♂: Jeg bor i København.
♀: Hvad laver du i Århus?
♂: Jeg er på kursus.
♀: Hvor bor du i Århus?
♂: Jeg bor på hotel. Hvor bor du?
♀: Jeg bor i Skanderborg.
♂: Hvad laver du i Århus?
♀: Jeg arbejder i en bank.

Verber
Præsens: kommer, hedder, laver, ligger, er

♀: Jeg har en cykel.
♂: Jeg har en knallert.
♀: Hvad er en knallert?
♂: En cykel med motor.
♀: Jeg cykler på arbejde.
♂: Jeg kører på knallert.

♂: Jeg tager på musikcafé i aften.
♀: Hvor?
♂: I Vestergade.
♀: Hvem spiller?
♂: Sebastian.
♀: Hvornår?
♂: Klokken 22.

♀: Hvem kommer fra Japan?
♂: Jeg kommer fra Japan.
♀: Hvad laver du i Danmark?
♂: Jeg læser litteratur.
♀: Hvornår rejser du hjem?
♂: Jeg rejser til april.

♂: Jeg flytter.
♀: Hvornår?
♂: Til sommer.
♀: Hvor flytter du hen?
♂: Til Bornholm.
♀: Hvem kender du på Bornholm?
♂: Susanne.

Spørgende pronominer, *hv*-ord:
hvad, hvor, hvem, hvornår.
Grammatikhæftet s.

Lektion B

♂: Hvad er det?
♀: Det er en stol.
♂: Hvad er det?
♀: Det er et bord.
♂: Hvad koster bordet?
♀: Det koster 900 kroner.

♀: Hvad er det?
♂: Det er en blyant.
♀: Hvad er det?
♂: Det er en bog.
♀: Hvad koster bogen?
♂: Den koster 70 kroner.

♂: Hvad er det?
♀: Det er en mikrofon.
♂: Nå, hvad er det?
♀: Det er en sang.
♂: O.K. Jeg synger en sang i mikrofonen.
♀: Hvad hedder sangen?
♂: Den hedder "Fingeren på pulsen".

♀: Jeg kender en historie.
♂: Hvad hedder historien?
♀: Den hedder "Haren og pindsvinet".
♂: Hvad handler den om?
♀: Den handler om en hare og et pindsvin!!
♂: Nåe, ja.

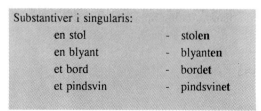

Substantiver i singularis:

en stol	-	stolen
en blyant	-	blyanten
et bord	-	bordet
et pindsvin	-	pindsvinet

♀: Hvåd er det?
♂: Det er en PC'er.
♀: En PC'er?
♂: Ja, en computer.
♀: Hvad skriver du på computeren?
♂: Jeg skriver en sang.

♂: Jeg arbejder på et hotel.
♀: Hvor ligger hotellet?
♂: Det ligger i Odense.
♀: Hvad hedder gaden?
♂: Banegårdsgade.
♀: Hvor ligger den?
♂: Den ligger ved stationen.

♀: Hvad har du i tasken?
♂: En pung.
♀: Hvad har du i pungen?
♂: Et kørekort og et lånerkort.
♀: Hvor bruger du lånerkortet?
♂: På biblioteket.

♂: Hvad laver du?
♀: Jeg arbejder på en fabrik.
♂: Hvor ligger fabrikken?
♀: Den ligger i Esbjerg.
♂: Hvornår kører du på arbejde?
♀: Bussen kører klokken 6.

Personlige pronominer:
            jeg
            du
            den - det
Grammatikhæftet s.

Lektion C

♂: Hvad er det?
♀: Det er en blyant og et viskelæder.
♂: Hvad er det?
♀: Det er en bog.
♂: Hvis er bogen?
♀: Det er min.
♂: Viskelæderet er mit.

♀: Hvis er det?
♂: Hvad?
♀: Uret?
♂: Det er mit ur.
♀: Hvad koster det?
♂: Det koster 2.500 kroner.
♀: Nåe, det er et schweizerur.

♂: Hvor er båndoptageren?
♀: Hvilken båndoptager?
♂: Min!
♀: Nåe, den er her. Hvor mange kassettebånd har du?
♂: Ét. Hvor er båndet?
♀: Det er i kassettebåndoptageren.

♀: Jeg bor på et hotel i centrum.
♂: Hvilket hotel?
♀: Hotellet ved stationen.
♂: Hvilken station?
♀: Hovedbanegården.
♂: Hvad hedder dit hotel?
♀: Det hedder Astoria.

Possessive pronominer:
    min (en stol) - mit (et æble)   din (en stol) - dit (et æble)

♂: Hvis er bilen på fotografiet?
♀: Det er min.
♂: Hvis er skibet på fotografiet?
♀: Det er mit.
♂: Hvor ligger dit skib?
♀: Det ligger i Ålborg.
♂: Hvor er din bil?
♀: Den er i København.

♀: Hvem taler du med?
♂: Jeg taler med min mor.
♀: Hvor er din far?
♂: Min far er i supermarkedet.
♀: Hvad siger din mor?
♂: Ingenting, du snakker!
♀: Undskyld.

♂: Det er min plads.
♀: Nå.
♂: Du sidder på min plads.
♀: Din plads??
♂: Ja, pladsen er min.
♀: Nå, undskyld.

♀: Tjener, hvad koster en suppe?
♂: Den koster 28 kroner.
♀: Hvad koster et brød?
♂: Brødet koster ingenting.
♀: En suppe og 8 brød.
♂: Hvor mange brød?
♀: 8.

Spørgende pronominer:
  Hvilken, hvilket, hvem, hvis, hvor mange

Lektion D

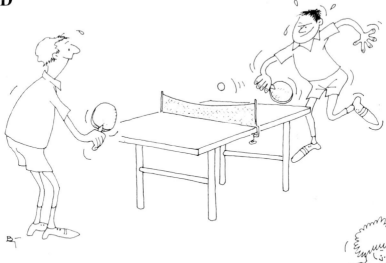

♀: Hvor mange sprog taler du?
♂: Jeg taler engelsk og dansk. Taler du fransk?
♀: Nej, jeg taler dansk, engelsk og polsk.
♂: Polsk?
♀: Ja, jeg kommer fra Polen.
♂: Nå, hvor bor du?
♀: I København.

♂: Hvem er det?
♀: Det er en dreng fra min bordtennisklub.
♂: Hvad hedder han?
♀: Claus.
♂: Nå, ham!
♀: Kender du ham?
♂: Ja, han er min nabo.

♀: Hvad laver du?
♂: Jeg skriver en novelle i et hæfte.
♀: Hvis er hæftet?
♂: Det er mit.
♀: Hvad hedder din novelle?
♂: Den hedder "Han elsker hende".
♀: Hvor romantisk!

♂: Det er Katrine.
♀: Hvem er hun?
♂: Det er min kæreste.
♀: Hvad laver hun?
♂: Hun er fysioterapeut. Jeg kender hende fra klinikken.
♀: Taler hun dansk?
♂: Ja, hun er dansker.

Personlige pronominer:
han - hun
ham - hende

9

♀: Har du en bror?
♂: Ja, min bror hedder Lars. Kender du ham?
♀: Ja, han læser geografi.
♂: Læser du geografi?
♀: Ja. Arbejder du?
♂: Ja, jeg arbejder på en café.
♀: Er det i Ålborg?
♂: Ja.

♂: Kender du kvinden i filmen?
♀: Ja, det er Natasja Kinski.
♂: Hvem er hun?
♀: Hun er datter af Klaus Kinski.
♂: Er det hende?
♀: Ja.

♀: Er det mandag?
♂: Nej, det er tirsdag?
♀: Kommer Christina i aften?
♂: Nej, hun skal i biografen med John
♀: Hvem er han?
♂: Det er en amerikaner.

♂: Bor du sammen med en mand?
♀: Ja.
♂: Spiller han skak i klubben?
♀: Ja, han spiller skak i klubben.
♂: Spiller du skak?
♀: Ja.
♂: Vinder du over ham?
♀: Nej, han vinder. Jeg taber.

Spørgende sætninger:
> Eksempel: Er det min bog?
> Ja, det er din, *eller* nej, det er ikke din.
> Er det onsdag?
> Ja, det er onsdag, *eller* nej, det er torsdag.

Lektion E

♂: Har du en blyant?
♀: Nej, det har jeg ikke.
♂: Har du et viskelæder?
♀: Nej.
♂: Hvad laver du på universitetet?
♀: Jeg sidder og sover.

♀: Har du en fodbold?
♂: Nej, det har jeg ikke.
♀: Spiller du fodbold?
♂: Nej, det gør jeg ikke.
♀: Hvad laver du?
♂: Jeg drikker kaffe og spiser wienerbrød.
♀: Er du østriger?
♂: Nej, jeg er dansker.

♂: Har du arbejde?
♀: Nej, det har jeg ikke. Har du?
♂: Nej, jeg studerer.
♀: Hvad studerer du?
♂: Nattelivet i København.
♀: Går du på diskotek?
♂: Ja, det gør jeg.

♀: Bor du ved Handelshøjskolen?
♂: Nej, det gør jeg ikke. Gør du?
♀: Ja, og jeg læser på Handelshøjskolen.
♂: Arbejder du?
♀: Nej, det gør jeg ikke. Jeg læser.
♂: Jeg arbejder i ferien.
♀: Nå. Det gør jeg også.

Adverbium i sætningen	
Eksempel:	Jeg studerer **ikke** geografi.
	Jeg studerer **også** geografi.

♂: Har du ikke en datter?
♀: Nej, jeg har en søn.
♂: Hvad hedder han?
♀: Han hedder Thor.
♂: Bor han ikke i Odense?
♀: Nej, han bor i Århus.

♀: Spiser du ikke skinke?
♂: Nej, jeg spiser ikke skinke.
♀: Spiser du bøf?
♂: Ja, jeg elsker bøf.
♀: Hvad drikker du til?
♂: Rødvin. Drikker du ikke rødvin?
♀: Jo.

♂: Har du ikke bil?
♀: Jo, jeg har en Skoda.
♂: Det er ikke en bil.
♀: Jo! Hvad kører du i?
♂: Jeg kører i Volvo.
♀: Er det ikke en traktor?
♂: Nej!

♀: Flytter du ikke til Amerika?
♂: Nej, jeg flytter ikke.
♀: Rejser du til Amerika?
♂: Ja, jeg gør.
♀: Skriver du ikke et postkort?
♂: Jo, jeg skriver fra New York.

"ikke" i spørgsmål:
    Eksempel: Har du **ikke** en datter?
                        Drikker du **ikke** rødvin?

Lektion F

♂: Har I blomster?
♀: Ja, vi har tulipaner og roser.
♂: Hvad koster roserne?
♀: 42 kroner for 10.
♂: Nå, hvad koster tulipanerne?
♀: 20 kroner for 10.
♂: Jeg tager 20 tulipaner.

♂: Sælger du ikke frugt?
♀: Jo, jeg har citroner, bananer og vindruer.
♂: Hvad koster en citron?
♀: Citronerne koster 10 kroner for 3.
♂: Hvad koster bananerne?
♀: De koster 11 kroner for et halvt kilo.
♂: Jeg tager 3 citroner, 1 kilo bananer og et halvt kilo vindruer.

♂+♀: Vi har 2 lejligheder.
   ♀: Hvor?
♂+♀: Én i Odense og én i Syditalien.
   ♀: Hvor ligger lejligheden i Syditalien?
♂+♀: Den ligger på Sicilien.
   ♀: Hvad koster lejlighederne?
♂+♀: De er ikke til salg.

♀+♂: Hvor mange telefoner har I?
♂+♀: Vi har 2.
♀+♂: Har I telefon på badeværelset?
♂+♀: Nej, vi har telefon i stuen og i køkkenet.
♀+♂: Vi har 3 telefoner.
♂+♀: Hvor står telefonerne?
♀+♂: De står i arbejdsværelset, i soveværelset og i kælderen.

Personlige pronominer:
   vi
   I
   de

13

♀: Hvad har du i tasken?
♂: Jeg har 2 kuglepenne og 2 æbler.
♀: Hvad koster kuglepennene?
♂: De koster 16 kroner.
♀: Hvad koster æblerne?
♂: De koster 9 kroner for et kilo.
♀: Hvor?
♂: I supermarkedet.

♂: Hvad laver du?
♀: Jeg skriver breve.
♂: Hvem er brevene til?
♀: De er til min ven og min mor. Hvad laver du?
♂: Jeg skriver postkort.
♀: Hvilken by er kortene fra?
♂: De er fra Odense.

♀: Hvor er knivene?
♂: De ligger på bordet.
♀: Hvor er glassene?
♂: De er også på bordet.
♀: Har vi 3 knive og 3 glas?
♂: Ja, det har vi.
♀: Hvor er stolene?
♂: De står i stuen.
♀: Jeg tager også 3 stole i stuen.

♂: Har I børn?
♀+♂: Ja, vi har 4.
♂: Hvor mange drenge og hvor mange piger?
♀+♂: 2 piger og 2 drenge.
♂: Hvad laver de?
♀+♂: Pigerne er i seng, og drengene er i bad.

Substantiver i pluralis:	
Indefinit	**Definit**
roser	roserne
citroner	citronerne
æbler	æblerne
borde	bordene
stole	stolene
kort	kortene
børn	børnene

Lektion G

♀: Hvilken farve er din bil?
♂: Den er rød.
♀: Hvilken farve er dit hus?
♂: Det er rødt.
♀: Har du et rødt æble?
♂: Ja, jeg har et rødt æble og en rød tomat.
♀: Er du kommunist?

♂: Hvad er det?
♀: Det er min guitar.
♂: Er den gammel?
♀: Ja, den er gammel.
♂: Har du også et gammelt klaver?
♀: Nej, jeg har et nyt klaver og en ny violin.

♀: Kender du Sebastian?
♂: Ja, han er en dansk sanger.
♀: Han synger med en norsk kvinde.
♂: Ja, de synger en smuk sang.
♀: Melodien er god, men teksten er dårlig.
♂: Hvad hedder den?
♀: Det ved jeg ikke.

♂: Jeg har en gammel radio.
♀: Jeg har en ny B&O radio.
♂: Hvad koster den?
♀: Den er ikke billig.
♂: Er den god?
♀: Ja, den har også et godt design.

Adjektiver i singularis:

Adjektiv *før* substantiv:

Indefinit	Definit
en rød bil	den røde bil
et rødt æble	det røde æble
en gammel guitar	den gamle guitar
et gammelt klaver	det gamle klaver

♀: Hvilken farve er dit lånerkort?
♂: Det er gult.
♀: Hvilken farve er dit kørekort?
♂: Det er lyserødt.
♀: Og dit pas?
♂: Det er mørkerødt.

♂: Er vejret godt?
♀: Nej, det regner.
♂: Er det koldt?
♀: Nej, det er godt vejr.
♂: Er det varmt?
♀: Nej, det er lunt.

♂: Er din lille datter ikke i skole?
♀: Nej, hun ligger i sengen.
♂: Er hun syg?
♀: Hun er rød og varm.
♂: Har hun feber?
♀: Ja, og hun er træt.

♂: Kender du Alexander?
♀: Ja, han er en sød fyr.
♂: Har han en kæreste?
♀: Ja, han har en dansk kæreste.
♂: Hvad hedder hun?
♀: Hun hedder Sofie.
♂: Er hun også sød?
♀: Nej, hun er sur.

Adjektiver i singularis:

Adjektiv *efter* substantiv:

Indefinit	**Definit**
en bil er rød	bilen er rød
et æble er rødt	æblet er rødt
en guitar er gammel	guitaren er gammel
et klaver er gammelt	klaveret er gammelt

Lektion H

♂: Hvad læser du?
♀: "Den afrikanske farm".
♂: Er bogen afrikansk?
♀: Nej, den er dansk, men den foregår i Afrika.
♂: Er det den tynde bog på fjernsynet?
♀: Nej, det er den tykke bog på bordet.

♀: Har du et hus?
♂: Ja, jeg har et nyt og et gammelt hus.
♀: Bor du i det nye (hus)?
♂: Nej, jeg bor i det gamle.
♀: Hvor ligger det nye?
♂: Det nye ligger på Tulipanvej.

♂: Jeg har et brunt tæppe.
♀: Er det brune tæppe tyndt?
♂: Nej, det er tykt.
♀: Har du også en brun pude?
♂: Ja, den ligger i sofaen.
♀: Er sofaen også brun?
♂: Nej, den er sort.

♀: Hvilken farve er huset?
♂: Det er hvidt.
♀: Hvilken farve er køkkenet?
♂: Det er også hvidt.
♀: Hvorfor er det hvidt?
♂: Fordi den hvide farve er moderne.
♀: Jeg har en hvid Trabant.
♂: En Trabant er en umoderne bil!

Spørgende pronominer:
    Hvorfor. Svar indledes oftest med "fordi".

♂: Hvad laver du?
♀: Jeg sidder og drikker en kop varm kaffe.
♂: Nå.
♀: Den varme kaffe står i køkkenet.
♂: Har du en kold øl?
♀: Ja, den kolde øl står i køleskabet.
♂: Tak.

♀: Jeg er lærer.
♂: Er det et interessant arbejde?
♀: Nej, det er uinteressant.
♂: Hvad er interessant?
♀: Politik er interessant.
♂: Nej, politik er kedelig.
♀: Den politiske situation i Europa er ikke kedelig.
♂: Nå.

♂: Hvor går du i skole?
♀: Jeg går på en lille skole.
♂: Er den lille skole god?
♀: Ja, men den store skole er også god.
♂: Hvor ligger den lille skole?
♀: Den ligger ved det store butikscenter.

♀: Hvem er din mor?
♂: Den smukke dame i den mørke kjole.
♀: Nej. den smukke dame har en lys kjole.
♂: Det er min sure svigermor.
♀: Er hun sur?
♂: Ja.

Adjektiver i definit singularis:

før substantivet:	*efter* substantivet:
den brune pude	puden er ny
det brune tæppe	tæppet er nyt
den lille skole	skolen er lille
det lille hus	huset er lille
den smukke dame	damen er smuk
det smukke køkken	køkkenet er smukt

Lektion I

♀: Hvor handler du?
♂: I Brugsen.
♀: Det er et dyrt supermarked.
♂: Ja, men kødet er billigt.
♀: Kartoflerne er dyre.
♂: Ja, men bøfferne er billige.

♂: Hvad koster æblerne?
♀: De grønne er dyre, de røde er billige.
♂: Nå.
♀: Vi har gode appelsiner.
♂: Nej, de er ikke friske.
♀: Jo, de er friske og saftige.

♀: Er tasken tung?
♂: Nej, den er let.
♀: Hvad har du i tasken?
♂: 4 flasker.
♀: Er de ikke tunge?
♂: Nej, de er tomme.
♀: Jeg har en tom papirpose. Den er tung.
♂: Hvorfor?
♀: Fordi den er våd.

♂: Hvad spiser du?
♀: 3 røde pølser med brød.
♂: Er de gode?
♀: Ja, og de er varme.
♂: Jeg bliver sulten. Er de dyre?
♀: De koster 27 kroner.
♂: Røde pølser er usunde. Jeg tager hjem og spiser.

Adjektiver i pluralis	
Adjektiv *før* substantiv:	
Indefinit	**Definit**
røde biler	de røde biler
røde æbler	de røde æbler
gamle guitarer	de gamle guitarer
gamle klaverer	de gamle klaverer

♀: Her er et spil skak.
♂: Jeg har de sorte brikker.
♀: Jeg har de hvide.
♂: Er du god til skak?
♀: Ja, jeg er.
♂: Nå. Du begynder. Du har de hvide brikker.

♂: Jeg har 2 nye, uhyggelige film på videobånd. Det er "Dracula" og....
♀: Den er ikke ny.
♂: Jeg har også "Godfather".
♀: Den er også gammel. Og filmene er ikke uhyggelige.
♂: Filmene er gamle. Båndene er nye.
♀: Nå.

♀: Drengene er glade.
♂: Hvorfor?
♀: Fordi de spiller fodbold i solen.
♂: Pigerne er sure.
♀: Hvorfor?
♂: Fordi drengene spiller fodbold.

♂: Jeg har 2 hvide mus.
♀: Jeg har en gul kanariefugl.
♂: Hvad hedder den?
♀: Den hedder Pip-Hans. Hvad hedder musene?
♂: De har interessante navne: Einstein og Nobel.
♀: Er de kloge?
♂: Ja, er Pip-Hans klog?

Adjektiver i pluralis
Adjektiv *efter* substantiv:

Indefinit	**Definit**
biler er røde	bilerne er røde
æbler er røde	æblerne er røde
guitarer er gamle	guitarerne er gamle
klaverer er gamle	klavererne er gamle

Lektion K

♀: Kan du svømme?
♂: Nej, det kan jeg ikke.
♀: Kan du spille fodbold?
♂: Nej, det kan jeg ikke.
♀: Kan du spille tennis eller bordtennis?
♂: Nej, det kan jeg ikke.
♀: Hvad kan du?
♂: Jeg kan læse og skrive. Det kan du ikke.

♀: Vil du have en cigaret?
♂: Nej tak, det vil jeg ikke.
♀: Vil du have en cola?
♂: Nej tak.
♀: Vil du sidde i solen?
♂: Nej, det vil jeg ikke.
♀: Hvad vil du?
♂: Jeg vil gerne hjem.

♀: Må du ryge?
♂: Nej.
♀: Må du drikke øl?
♂: Nej, det må jeg ikke.
♀: Må du gå med piger?
♂: Nej, det må jeg ikke.
♀: Hvad må du?
♂: Jeg må ingenting, og jeg er 14 år gammel!

♀: Skal vi gå en tur?
♂: Nej.
♀: Skal vi se fjernsyn?
♂: Nej.
♀: Skal vi gå i teatret?
♂: Nej. Skal vi ikke gå i seng?
♀: Nej.

Modalverber	
Infinitiv	**Præsens**
at måtte	må
at skulle	skal +infinitiv *uden* **at**
at ville	vil
at kunne	kan

For eksempel: Jeg **må** spise. Jeg **skal** spise.
Jeg **vil** spise. Jeg **kan** spise.

♀: Du skal stå op nu!
♂: Hvorfor det?
♀: Fordi du skal vaske tøj, og du skal i skole.
♂: Kan jeg ikke vaske tøj i morgen?
♀: Nej, du skal vaske i dag.
♂: Skal jeg?
♀: Ja, du skal.

♂: Vi skal spise nu.
♀: Hvad skal vi have?
♂: Vi skal have fisk.
♀: Jeg kan ikke lide fisk.
♂: Hvad kan du lide?
♀: Jeg elsker wienerbrød.

♀: Skal vi synge en sang?
♂: Jeg kan ikke synge.
♀: Kan du spille guitar?
♂: Nej, jeg kan fløjte.
♀: Hvad kan du fløjte?
♂: Hvad vil du høre?
♀: Kuhlaus fløjtekoncert nr. 3.

♂: Må jeg ringe til din søster i morgen aften?
♀: Nej, hun skal sove.
♂: Kan jeg komme på lørdag?
♀: Nej, hun skal læse.
♂: Hvorfor må jeg ikke se hende?
♀: Det må du gerne, men hun vil også læse.

Lektion L

♀: Jeg vil gerne se på en radio.
♂: Hvad må den koste?
♀: Den må gerne koste 2000 kroner.
♂: Vi har en dansk radio til 2200.
♀: Den må kun koste 2000.
♂: Vi har også en til 1800.
♀: Godt, den tager jeg.

♂: Kan du komme i aften?
♀: Måske.
♂: Hvad skal du?
♀: Jeg skal igen læse nationaløkonomi.
♂: Kan du ikke læse i morgen?
♀: Jo, det kan jeg godt, jeg har kun 10 sider.

♀: Vil du have en kop kaffe og en lille kage?
♂: Ja tak, men jeg vil gerne have en stor kage.
♀: Jeg har kun små kager.
♂: O.K. jeg vil gerne have 3 små kager.
♀: Du kan også få et stykke chokolade.
♂: Nej tak, det kan jeg ikke lide.

♂: Må jeg gerne låne en kuglepen?
♀: Ja, værsgo.
♂: Har du et stykke papir?
♀: Skal du også låne papir?
♂: Ja tak.
♀: Vil du ikke have hele min taske?
♂: Er du ironisk?
♀: Ja.

Det irregulære adjektiv "lille":
singularis: **lille**
pluralis: **små**

♀: Arbejder du aldrig?
♂: Jo, jeg arbejder i weekenden.
♀: Arbejder du kun i weekenden?
♂: Ja, jeg skal også læse.
♀: Hvad læser du?
♂: Filosofi. Læser du aldrig?
♀: Nej, jeg læser kun avisen.

♂: Vil du med i biografen?
♀: Jeg går aldrig i biografen.
♂: Hvorfor ikke?
♀: Fordi jeg ser kun film i fjernsynet.
♂: Har du video?
♀: Ja, jeg har også video.

♀: Kører du i bus på universitetet?
♂: Nej, jeg cykler altid.
♀: Cykler du også i regnvejr?
♂: Ja.
♀: Har du ikke bil?
♂: Jo, men jeg kører aldrig i den.

♂: Jeg er træt, jeg vil i seng.
♀: Du er altid træt.
♂: Nej, jeg er kun træt i aften. Jeg er frisk igen
  i morgen.
♀: Skal vi ikke gå ud og danse?
♂: Nej, jeg vil ikke ud og danse. Jeg er træt.
♀: Du er ikke træt, du er kun kedelig.
♂: Nå.

Adverbier:
gerne, kun, godt, måske, altid, også, aldrig, igen